GUÍA DE LECTURA

Escrita por Isabelle Consiglio
Traducida por Marta Sánchez Hidalgo

Colmillo Blanco

de Jack London

Entiende fácilmente la literatura con

ResumenExpress.com

www.resumenexpress.com

JACK LONDON

ESCRITOR AMERICANO

- **Nacido en 1876 en San Francisco**
- **Fallecido en 1916 en Glen Ellen**
- **Algunas de sus obras:**
  - *La llamada de lo salvaje* (1903), novela
  - *El lobo de mar* (1904), novela
  - *Colmillo blanco* (1906), novela

Jack London, hombre aventurero y comprometido, nació en San Francisco en 1876. Desde 1890, su pasión por el mar lo lleva a destinos lejanos (Japón, Inglaterra, América del Norte, Cuba) en los que se inspira para la mayoría de sus novelas. Su carrera literaria comienza verdaderamente en 1903 con *La llamada de lo salvaje,* que tiene un gran éxito.

Paralelamente a su actividad literaria, Jack London se dedica a la política y se afilia al partido socialista. En 1904 trabaja como corresponsal de guerra en el frente ruso-japonés. Consumido por sus incesantes problemas financieros y su excesivo consumo de alcohol, Jack London se apagó con tan sólo 40 años. Hoy en día se le considera uno de los autores americanos más importantes.

COLMILLO BLANCO

LA PEREGRINACIÓN DE UN LOBO SOLITARIO

- **Género:** novela juvenil
- **Edición de referencia:** London, Jack. 2013. *Colmillo blanco*. Traducido por Vicente Corbi. Sevilla: Espuela de Plata
- **Primera edición:** 1906
- **Temáticas:** lobo, naturaleza, iniciación, crueldad, supervivencia, América del Norte

Colmillo blanco, publicado en 1906, se inscribe en la serie de relatos que Jack London escribió inspirándose en sus viajes en América del Norte y Canadá. A diferencia de *La llamada de lo salvaje*, historia que narra la vuelta a la vida salvaje de un perro, *Colmillo blanco* narra la vida de un lobo domesticado que se familiariza cada vez más con el mundo de los hombres. La novela puede considerarse también un relato de iniciación cuyo protagonista es un lobo joven confrontado a la crueldad de los hombres. *Colmillo blanco* narra también una página de la historia americana: la fiebre del oro y la difícil convivencia con los pueblos amerindios.

RESUMEN

PRIMERA PARTE: LO SALVAJE

Bill y Henry atraviesan en trineo la superficie desierta del Gran Norte americano para acompañar el cuerpo de uno de sus compañeros a Mac Gurry. El viaje se vuelve más peligroso a medida que sus perros empiezan a desaparecer o a huir. Los dos hombres descubren entonces que les sigue una manada de lobos. Una loba de pelo rojo parece seguirles particularmente de cerca sin manifestar temor al hombre. Bill está cada vez más tenso ante la idea de que unos ojos brillantes lo sigan día y noche. Decide enfrentarse a los lobos, que atacan a uno de los últimos perros, pero también es devorado.

Henry, solo, emprende una lucha por su propia supervivencia. Abandona el ataúd y el trineo y se rodea de un círculo de llamas, última muralla que lo separa de la ferocidad de los lobos. Cuando está a punto de ser devorado, lo salva un grupo de cazadores.

SEGUNDA PARTE: NACIDO EN LO SALVAJE

El relato abandona el mundo de los hombres para seguir el periplo de la loba de pelo rojo. Ésta seduce a un viejo macho, el Tuerto, que no duda en eliminar a sus rivales amorosos. La pareja de lobos recorre las llanuras heladas en busca de una guarida.

Allí nacen en primavera cinco lobeznos. Sólo sobrevive uno

de ellos: el frío y el hambre acaban con los otros. El Tuerto muere en un combate contra un lince.

En adelante, solo con su madre, el joven macho tiene que aprender a cazar y a sobrevivir entre los depredadores. Su instinto lo guía cada vez más lejos de la guarida, hasta que el lince lo ataca. Con ayuda de su madre, el lobezno consigue vencer a su adversario.

TERCERA PARTE: LOS DIOSES DE LO SALVAJE

El lobezno se cruza por primera vez con hombres: son indios en busca de caza. Su madre no teme a los hombres y parece someterse a sus órdenes. El lector se entera entonces de que la loba nació del cruce entre una perra que pertenecía a un indio y un lobo. Castor Gris, uno de los indios, la llamó Kiche y llama a su cría Colmillo Blanco. Llevan a los dos lobos al campamento indio.

Enseguida separan a Colmillo Blanco de su madre, a la que venden a otro grupo de indios. Entonces el lobezno descubre la crueldad de la autoridad humana: los hombres se burlan de él, lo humillan y golpean. Colmillo Blanco se convierte en enemigo declarado de los perros que pertenecen a los indios. El lobo, obligado a defenderse de tanto odio, se vuelve agresivo y feroz y ataca a todo rival potencial. El lobo se debate entre su sumisión a los hombres y su deseo irresistible de volver a la vida salvaje. En primavera, la madre de Colmillo Blanco vuelve al campamento, pero como ha tenido una nueva camada, no lo reconoce.

CUARTA PARTE: LOS DIOSES SUPERIORES

Los indios sufren una terrible hambruna. Castor Gris decide migrar hacia el Norte. Colmillo Blanco se convierte en perro de trineo y provoca la envidia del resto de la manada por el vínculo particular que parece unirlo a su amo. Unos años más tarde, en 1898, Castor Gris y sus perros llegan a la región de Yukón, donde llegan masivamente buscadores de oro. Castor Gris, que vende artículos de todo tipo, conoce a un hombre llamado el Hermoso Smith, que quiere comprarle a Colmillo Blanco. En un primer momento, el indio se niega, pero el Hermoso Smith consigue convencerle vendiéndole whisky en varias ocasiones.

Castor Gris Vende a Colmillo Blanco a un hombre muy cruel: el Hermoso Smith hace del lobo una bestia de combate y organiza apuestas. Colmillo Blanco se convierte en seguida en una bestia de feria: gana una serie impresionante de combates y tiene una gran reputación en toda la región. Un día acaba cayendo ante un adversario más fuerte que él: un bulldog. Weedon Scott, un ingeniero de minas, y Matt, un adiestrador de perros, salvan *in extremis* a Colmillo Blanco. Scott, que quiso matar en un primer momento a Colmillo Blanco por su agresividad, consigue con paciencia, diálogo y caricias, amansar al animal. El lobo se convierte en su fiel compañero y depende por completo de su nuevo amo. Nace un vínculo de amor entre los dos.

QUINTA PARTE: DOMESTICADO

Weedon Scott hace de Colmillo Blanco un perro de trineo.

Consigue amaestrarlo sin usar la agresividad ni la fuerza. Un vínculo muy particular une al lobo a su maestro: Colmillo Blanco confía mucho en él y consigue doblegarse a su autoridad. La temporada llega a su fin y Scott piensa en volver a su casa en California. No contempla llevarse al lobo con él debido al clima de la región, pero ante los aullidos incesantes de Colmillo Blanco, que se siente abandonado, cambia de opinión y se embarca en compañía de su fiel compañero.

El lobo descubre entonces una nueva vida: lejos de las llanuras glaciales, se familiariza poco a poco con la finca de Scott, la familia de éste y los animales de la región. El lobo se convierte en cierta manera en el perro guardián de toda la finca. Salvará a la familia de un peligroso bandido escapado de la cárcel y tendrá crías con la perra de Scott.

ESTUDIO DE LOS PERSONAJES

KICHE

Nacida del cruce de un lobo y una perra, creció entre indios. Aunque su instinto profundo permanezca salvaje, el hombre le llama la atención y no teme su contacto. Su vida está marcada por la vuelta a la vida salvaje cuando conoce al Tuerto y cría a Colmillo Blanco, único superviviente de la camada. Luego vuelve con el hombre y la separan de su cría. Kiche es una madre protectora y transmite a Colmillo Blanco un modo de vida entre el bosque y el mundo de los hombres.

COLMILLO BLANCO

Colmillo Blanco, un animal impresionante y veloz, se caracteriza desde joven por su fuerza física y su gran resistencia. Cuando empieza a familiarizarse con los peligros del bosque, le capturan los indios, que lo doman recurriendo a la violencia. Privado de afecto, pero incapaz de vivir sin el contacto humano, desarrolla una agresividad que será su única arma de defensa. El lobo, convertido en un perro de pelea, sólo conoce la conducta agresiva y asesina. Desarrolla una gran desconfianza hacia el hombre, aunque no puede prescindir de él. Su instinto de cazador está definitivamente alterado por su dependencia del hombre. Colmillo Blanco necesitará tiempo para desprenderse de este carácter violento. Una vez ha aceptado a Weedon Scott y ha sido domesticado poreste, se convierte en el animal leal y fiel por excelencia.

EL TUERTO

Este lobo es un viejo macho que ha perdido un ojo durante un combate con un rival amoroso y representa el animal salvaje e indomable. Teme a los hombres, pero su instinto le fuerza a matarlos si se siente agredido.

CASTOR GRIS

Castor Gris es uno de los jefes indios. Como la madre de Kiche pertenece a su hermano, considera a Colmillo Blanco de su propiedad. El indio representa el primer contacto humano de Colmillo Blanco. Aunque no sea tierno con el joven lobo, se da cuenta en seguida de su gran valor. Protege a Colmillo Blanco de los ataques repetidos de los perros de trineo. El lobo se convierte en su animal de compañía.

Pero Castor Gris traiciona a Colmillo Blanco en dos ocasiones: vende a su madre y lo vende a él mismo al cruel Hermoso Smith a cambio de alcohol. Al final, lo que dicta las decisiones del indio no es el amor hacia el animal, sino la corrupción. Este sentimiento se lo han transmitido seguramente los blancos.

EL HERMOSO SMITH

El Hermoso Smith, descrito como un hombre feo y brutal, es el cocinero del campamento de los buscadores de oro. Su apodo viene de las burlas de los hombres que se reían de su aspecto físico.

Desde que ve a Colmillo Blanco en el campamento, quiere

quedárselo. El hombre vive de todo tipo de contrabandos y organiza ilegalmente combates de perros para cobrar apuestas. El lobo constituiría una fuente de dinero para él. Se aprovecha de la debilidad de Castor Gris vendiéndole mucho alcohol. Colmillo Blanco se convierte en una verdadera bestia feroz con el Hermoso Smith. Más que Castor Gris, el Hermoso Smith representa el carácter interesado y cruel del hombre. No tendrá el valor de enfrentarse a Weedon Scott, al que deja a Colmillo Blanco por unos pocos dólares. Intenta una última vez robar el lobo a Weedon Scott, pero Colmillo Blanco se defenderá mordiéndolo y causándole graves heridas.

WEEDON SCOTT

Desde su primera aparición, el personaje de Weedon Scott ayuda a Colmillo Blanco salvándolo de la muerte en su combate con el bulldog. Scott es un hombre paciente, diplomático y tolerante. Como ingeniero de minas, tiene muy buena reputación entre los hombres del campamento. Aunque al principio quería matar a Colmillo Blanco por su agresividad, se da cuenta rápido del potencial del animal cuando ve que el lobo distingue a un hombre armado de un hombre desarmado.

A fuerza de paciencia consigue que el animal lo acepte. Además, es el primer humano que establece un verdadero diálogo con el lobo. Se crea un vínculo de amor y confianza entre el hombre y el lobo. Scott adopta realmente al lobo y lo educa en su finca del Sur. Es un hombre profundamente bueno y generoso.

CLAVES DE LECTURA

LAS PARTICULARIDADES DEL ESTILO DE LONDON

El estilo de London tiene tres características esenciales:

- la ausencia casi total de diálogo. Como la mayor parte del texto de London narra la peregrinación de un lobo solitario, los diálogos no son muy numerosos. De hecho, los personajes humanos aparecen esporádicamente. Los diálogos están repartidos de forma muy dispersa. La narración favorece las largas descripciones de diferentes paisajes o de los estados de ánimo del lobezno;
- el uso de la personificación. El relato de London está escrito desde el punto de vista de Colmillo Blanco, puesto que el lector conoce todas sus emociones y pensamientos. La personificación es un recurso que consiste en atribuir propiedades generalmente humanas a un animal u objeto. De esta forma se describe el aprendizaje de Colmillo Blanco como el de un niño y se le atribuyen sentimientos humanos: «Pero le tenía perplejo otro mal mayor: sentía nostalgia» (London 2013, tercera parte, cap. 1);
- una mirada externa hacia el hombre. El personaje principal de la novela de London es un lobo (en consecuencia, el lector no se puede identificar con él) y el autor narra la historia desde el punto de vista del animal. La elección de contar la historia a través de la mirada de Colmillo Blanco se puede interpretar como un deseo de tomar distancia y cambiar de perspectiva: permitiría tener una mirada externa de la naturaleza humana. A través de la mirada

de Colmillo Blanco, el humano y su comportamiento estarían en el centro de la novela. Un ejemplo de esto se produce cuando Colmillo Blanco observa a los hombres que, reunidos alrededor del Hermoso Smith, apuestan en el combate que está a punto de producirse.

UNA REFLEXIÓN SOBRE LA NATURALEZA HUMANA

Colmillo Blanco presenta una visión pesimista del ser humano. Desde el punto de vista del lobo, el hombre es un «dios» en el sentido de que tiene un dominio absoluto de la naturaleza y, a veces, de sus semejantes. Así designa Colmillo Blanco a todos los hombres que conoce. Es cierto que los humanos que se encuentra el animal son particularmente odiosos: Castor Gris no duda en separar al lobezno de su madre y el Hermoso Smith es un tramposo y un mentiroso empedernido.

De esta forma, los hombres tienen una superioridad en el mundo animal: Colmillo Blanco depende del humano mientras combate esta dependencia. Castor Gris adiestra al lobo a base de golpes y el Hermoso Smith muestra una terrible violencia. Tanto para uno como para el otro, el lobo que compran no es más que un medio de vida. No se preocupan en ningún momento de su bienestar. Estos hombres aprovechan su superioridad sobre un animal que ha sido domesticado.

Además, el lobo percibe que algunos hombres son superiores a otros: así llama a los blancos «dioses superiores».

El hombre blanco tiene una doble superioridad. Se siente superior a los animales, pero también a sus semejantes: los blancos explotan y desprecian a los indios, y el territorio de los blancos se extiende hacia el Oeste en detrimento del de los indios. Castor Gris lleva una vida miserable: sufre la hambruna y está obligado a desplazarse para comerciar. La actitud del Hermoso Smith hacia él es representativa: se aprovecha de su debilidad por el alcohol y le compra el lobo por una suma irrisoria.

UNA NATURALEZA REPRESENTADA COMO ALGO HOSTIL

El ambiente espacial de la novela se divide en dos partes: por un lado el Norte y por el otro California, cuando Weedon Scott lleva a Colmillo Blanco a su propiedad. Estos dos paisajes se caracterizan por una cierta hostilidad:

- las superficies del Gran Norte americano son hostiles a los hombres desde el principio de la novela. De hecho, a Bill y Henry los atacan y casi los devoran, y Castor Gris y toda su familia sufren la hambruna. La ley de la selva reina entre los animales: algunos lobos no vacilan en matarse;
- las ciudades californianas se presentan desde el punto de vista de Colmillo Blanco como un ambiente peligroso, asfixiante y cruel. El ruido de los tranvías y del puerto preocupa al lobo, que ve a los hombres como un peligro permanente.

Los paisajes son el reflejo del hombre tal y como está representado en la novela: predomina la crueldad. El hombre intenta dominar estos espacios naturales.

PISTAS PARA LA REFLEXIÓN

ALGUNAS PREGUNTAS PARA PROFUNDIZAR EN SU REFLEXIÓN...

- En la novela consideran dioses a los hombres. ¿Qué concepción del mundo supone esta afirmación?
- ¿Cómo se representa la convivencia entre indios y blancos? ¿Es históricamente verídica?
- Según su opinión, ¿para Colmillo Blanco fue una suerte encontrarse con los hombres o, por el contrario, esto conllevó acontecimientos dramáticos?
- ¿Cómo se representa habitualmente al lobo en la cultura occidental? En este caso, ¿por qué se considera excepcional una historia de amistad entre un hombre y un lobo?
- ¿Qué papel desempeñan el dinero y la codicia en la novela?
- Colmillo Blanco está debatiéndose constantemente entre su instinto de depredador salvaje y de compañero del hombre. Al final, ¿qué parte de él predomina según usted?
- ¿En qué aspecto hubiera sido distinta la novela si se hubiera presentado desde el punto de vista del hombre?
- Según su opinión, ¿qué aporta Colmillo Blanco a Weedon Scott?
- Compare a Bill y Henry con el Hermoso Smith desde el punto de vista de su actitud ante los lobos. ¿Qué podemos concluir?
- Al final de la novela, Colmillo Blanco lleva a cabo un acto heroico al salvar a sus amos. En su opinión, ¿cuál es el alcance simbólico de este acto?

PARA IR MÁS ALLÁ

EDICIÓN DE REFERENCIA

- London, Jack. 2013. *Colmillo blanco*. Traducido por Vicente Corbi. Sevilla: Espuela de Plata.

ADAPTACIÓN

- *Colmillo Blanco*. Dirigida por Randal Kleiser, con Ethan Hawke, Klaus Maria Brandauer y James Remar. Estados Unidos: Walt Disney Pictures, 1991.

EN RESUMENEXPRESS.COM

- Guía de lectura de *La llamada de lo salvaje* de Jack London.